ERNEST JOVY.

—

DOCUMENTS

SUR LA

Société populaire de Vitry-le-François

PENDANT LA RÉVOLUTION.

(Extrait du *Messager de la Marne.*)

VITRY-LE-FRANÇOIS

Typographie J. DENIS et C°, rue Dominé de Verzet, 13.

1892

ERNEST JOVY.

—

DOCUMENTS

SUR LA

Société populaire de Vitry-le-François

PENDANT LA RÉVOLUTION.

(EXTRAIT DU *Messager de la Marne*.)

VITRY-LE-FRANÇOIS

Typographie J. DENIS et Cᵉ, rue Dominé de Verzet, 13.

—

1892

DOCUMENTS

SUR LA

SOCIÉTÉ POPULAIRE DE VITRY-LE-FRANÇOIS

PENDANT LA RÉVOLUTION.

La Révolution, cette grande crise des nations occidentales à la fin du dernier siècle et au début de celui-ci, préoccupe en ce moment avec plus de vivacité que jamais l'opinion du grand public et la pensée du « monde où l'on pense ». Au grand public s'adressent et les fêtes centenaires et les expositions rétrospectives et les musées spéciaux ; aux lettrés et aux chercheurs, les grandes publications des documents révolutionnaires entreprises sous les auspices du Gouvernement et de la Ville de Paris, la *Revue de la Révolution*, les travaux de M. Aulard, les études d'Albert Sorel, les investigations de Taine.

Ce n'est pas seulement à Paris, c'est dans toute la province que de multiples travailleurs, avec les principes et les idées politiques les plus opposés, se sont mis à étudier la Révolution, son caractère et ses

effets dans telle région ou dans telle loca-
lité. Jusqu'ici pourtant, si l'on excepte les
quelques pages très rapides de M. Boitel
et l'agréable notice qu'un érudit distin-
gué qui fut passionnément épris d'histoire
locale, M. le docteur Valentin (¹), consa-
cra jadis à retracer les intéressantes vicis-
situdes de la statue de la Liberté sur la
place d'Armes de Vitry-le-François de
l'an II à l'an XII, on n'a rien publié soit
comme travail d'ensemble, soit comme
recueil documentaire sur la période révolutionnaire à Vitry.

Aussi bien nous proposons-nous de
reproduire ici quelques documents (²) de
cette époque, relatifs à la *Société des Amis
de la Constitution* ou *Société populaire* de
Vitry-le-François. Imprimés, sans aucun
doute, à tirage fort restreint, ils sont maintenant devenus très rares. Ils sont pleins
d'indications utiles et de renseignements
précieux sur l'état psychologique d'alors,
pour qui saura les interpréter d'une manière vraiment critique. Il n'y a encore
que les pièces originales et contemporai-
nes qui donnent la joie du retour dans
l'au-delà du passé, et du voyage parmi les
pâles ombres qui habitent le « Hadès »
de l'histoire.

(1) *Mém. de la Soc. des Sciences et Arts de
Vitry-le-François*, t. II, p. 50.

(2) Nous reproduisons ces documents avec leurs
particularités orthographiques.

..

Procès-verbal
de la séance
de la
Société
des Amis
de la Constitution
de Vitry-le-François (1).

Non nobis, sed Reipublicæ nati sumus.
Ce n'est pas pour nous, mais pour la Patrie que nous existons.
Cic., Epit. fam.

Le vingt-trois Mars, seconde année de la Liberté, à trois heures de relevée, un grand nombre de Citoyens Actifs de la Ville de Vitry-le-François, se sont réunis dans une des salles de l'Hôtel de l'Arquebuse, à l'effet de former une Société patriotique, sous le nom des *Amis de la Constitution*. M. Formel, Commandant de la Garde Nationale, et M. Moreau, Capitaine, s'étant trouvés les plus anciens d'âge, le premier a présidé l'Assemblée, et le second a fait provisoirement les fonctions de Secrétaire. On a unanimement pensé que le premier devoir d'une Société rassemblée pour le soutien de la Constitution, étoit de porter son hommage

(1) Bibliothèque Nationale, Imprimés, Lb 40, 3084. Cette pièce donne le procès-verbal de la première séance de la *Société des Amis de la Constitution* ou *Société populaire* de Vitry-le-François, tenue à l'Hôtel de l'Arquebuse. Plus tard la Société populaire choisit la chapelle du Collège pour lieu de ses réunions.

au Corps municipal dont le patriotisme et l'attachement à cette même constitution n'ont cessé de se manifester jusqu'à ce jour, et dont les soins multipliés ont su entretenir un calme perpétuel dans cette heureuse Cité. En conséquence, M. Daux, négociant, Lefebvre (Deville), capitaine au sixième Régiment d'Infanterie et Chateaux, homme de Loi, ont été nommés pour porter à la Municipalité le vœu de la Société.

De retour dans l'Assemblée, MM. les Députés ont dit s'être acquittés de leur mission, et M. Lefebvre, l'un d'eux, a déposé sur le Bureau une délibération de la Municipalité dont a été fait lecture, par M. le Secrétaire, laquelle délibération contient une assentiment complet au Vœu de la Société. MM. Victor, Père de la Charité, et Daux, Négociant, s'étant trouvés, après MM. les Président et Secrétaire, les plus anciens d'âge, ont pris place pour remplir les fonctions de Scrutateurs dans l'élection à faire d'un Président, de deux Secrétaires et d'un Trésorier.

L'assemblée ayant décidé que l'élection de ces différents fontionnaires seroit faite, savoir celle de M. le Président à la pluralité absolue des suffrages et celle de MM. les Secrétaires et Trésorier à la pluralité relative, il a été procédé alternativement aux différents scrutins. Les résultats ont été reconnus favorables à M. Lefebvre (Deville) pour la fonction de Président, à MM. Chateaux et Le Fol fils, pour celles de Secrétaires, et à M. Charlon pour celle de Trésorier. Ces Officiers, ayant été proclamés, ont pris leur place au Bureau.

Monsieur le Président a représenté que la mission importante que lui avoit donné son Corps, de procurer des Soldats à la Patrie, nécessitoit de sa part de fréquentes absences. Il a proposé, et la Société a arrêté qu'il seroit élu un Vice-Président dont les fonctions n'auroient lieu que durant le premier mois de l'établissement de la Société. En conséquence il a été procédé au scrutin, et M. Formel, ayant réuni la majorité absolue des suffrages, a été nommé Vice-Président.

Ces opérations terminées, M. le Président a dit :

MESSIEURS,

Il est arrivé, ce moment, si désiré des uns, si redouté des autres où la Ville de Vitry sera compté parmi celles qui n'ont pas craint de témoigner hautement leur zèle pour la Constitution. Non contents d'aimer la Loi dans vos foyers, vous vous ralliez ici plus particulièrement autour d'elle pour la faire aimer en la faisant bien connaître. C'est ici que vous chercherez mutuélement à vous pénétrer des vrais principes de la liberté et de l'égalité ; c'est d'ici que vous répandrez sur tout le District les lumières que vous aurez acquises par une lecture commune des papiers politiques et des Décrets sanctionnés, par les instructions que vous recevrez de ce Club matrice auquel la France doit la propagation de la vérité, par la correspondance que vous entretiendrez avec tous les Départements, et enfin par une discussion publique des questions les plus délicates et des plus grands intérêts de la Patrie.

Ce n'est pas assez, Messieurs, d'avoir eu le courage de braver la crainte que par des raisons diverses, cet établissement cause à beaucoup de nos concitoyens ; il faut vous attendre à nombre de petits obstacles, à mille tracasseries de tout genre. On vous lancera des épigrammes, on versera le ridicule à pleines mains sur vos délibérations les plus naturelles. L'aristocratie et le fanatisme (s'il y en avoit dans cette ville), la jalousie et l'oisiveté se réuniront pour vous désunir, mais leurs traits les plus aigus s'émousseront sur l'égide diamentée de votre fermeté, de votre sagesse et de vos bonnes intentions. Quelles calomnies, quelles cabales, qui pourroit prévaloir contre ?

On dit, on dira, « à quoi bon un Club « dans la Ville de Vitry ? N'étions-nous pas « tranquilles ? Au milieu des convulsions « générales et de beaucoup de crimes, nous « sommes demeurés calmes, purs, intacts... « et nous avons vu nos voisins agités de « troubles et de dissentions ! Dans les as- « semblées de ce genre, les esprits s'échauf- « fent les uns les autres. Le désir de se « faire valoir, l'opposition des avis engen- « drent des querelles ; les haines particu- « lières y cherchent à intéresser le public « dans leurs causes ; elles y réussissent trop « souvent ; et de cette source, peut-être « pure, sortent les plus grands maux. »

Voilà ce que disent d'honnêtes citoyens, qui, tenant à leurs habitudes, s'efarouchent des moindres nouveautés, et leur attribuent des malheurs dont ils ne se donnent pas la peine de chercher la véritable origine. Mais voilà aussi ce que disent *partout ailleurs* ceux qui redoutent l'influence patriotique d'une pareille société, et qui, n'osant montrer à découvert des sentiments anti-constitutionnels, se servent adroitement de ces raisons spécieuses pour détourner une colonne de ce fluide philosophique, de ce lait végétal de la Liberté qui est pour eux ce que l'eau est pour les hydrophobes. Mais Messieurs, vous leur répondrez qu'il y a 500 Clubs dans le Royaume, et que, partout, loin d'avoir porté le fer et la flamme, ils se sont occupés d'arrêter les incendies et d'arracher les victimes à la fureur des peuples, pour les mettre sous la protection

de la Loi ; que ces Clubs sont un frein salutaire à l'Aristocratie, une sauve-garde, une
sentinelle publique; que, si Vitry est de-
meuré paisible, il le doit au caractère natu-
rélement sage, spirituel et patriotique de
ses habitans ; que ce caractère se retrouve
dans les membres de votre Club, que vous
êtes tous des pères de famille ou des propriétaires intéressés au maintien de l'ordre;
que, travaillant en plein jour, toutes vos
opérations seront soumises à la censure de
vos concitoyens; que vous êtes là pour dé-
couvrir et déconcerter toutes les res des
ténèbres; que les corps adminis tifs, quoi-
que composés de *bons magistr s*, peuvent
commettre des erreurs, et que vous serez
peut-être assez heureux pour les en avertir
à tems; que vous traduirez les Loix pour
les faire bien comprendre à cette portion
utile de Citoyens que leurs travaux éloi-
gnent de l'étude; qu'en vous formant, en
vous dressant aux affaires, vous préparez
des fonctionnaires publics ; qu'à proportion,
aucune Cité ne contient, autant que la nôtre,
de Citoyens sans emploi; et que c'est ouvrir un vaste champ à leur émulation et
au développement de leurs talents ; enfin, Messieurs, vous leur répondrez par votre patriotisme et par vos actions.

Si nous devons avoir des regrets, si l'on
a quelques reproches à nous faire, c'est
d'avoir attendu jusqu'à ce jour à partager
les périls et les travaux civiques de ceux
qui vont devenir plus particulièrement nos
Frères. Ce sont eux vraiment qui ont eu à
lutter ! tandis que, nous bornant à jouir du
fruit de leurs soins, à les admirer et à les
bénir, tranquilles spectateurs, nous n'avons
fait aucun effort public pour les aider à
aplanir la voie de vérité. Nous entrons dans
la carrière alors qu'elle est toute ouverte ;
nous nous présentons dans la lice contre

des adversaires vaincus ou rendus, ou du moins fatigués. N'espérons donc pas participer à toute la gloire des vainqueurs ; mais, tels que des troupes fraîches qui, sur la fin d'un combat, poursuivent des ennemis dispersés, attachons-nous avec ardeur à la poursuite des préjugés, faisons en sorte qu'aucun ne nous échappe et puissions-nous bientôt en dresser un trophée qui constate à tout l'univers le triomphe des vrais amis de la Constitution.

Le Club des Jacobins, séant à Paris, s'est affilié toutes les sociétés patriotiques des divers Départements et par elles il a été instruit tous les jours de la situation réelle de la France vue sous toutes ses faces ; il leur imprime le mouvement du patriotisme le plus éclairé et les avertit, par une active correspondance, de toutes les menées, trames et machinations des aristocrates, leurs voisins, qui souvent eux-mêmes n'agissent que par l'impulsion de ceux de la Capitale.

C'est à cette sage institution que nous devons l'inestimable bien d'une régénération totale opérée sans guerre civile. Le sang a coulé sans doute… une seule goute nous arracheroit encore des larmes ! Mais enfin, sur vingt-six millions d'individus, pendant deux années des plus grands troubles, en y comprenant la prise de la Bastille et la disette, on ne compteroit pas quatre mille victimes, et sur ces quatre mille victimes qu'on me cite un seul ecclésiastique, qu'on dise si plus de quarante privilégiés ont perdu la vie ! ainsi, avec ces Clubs, tant accusés de démocratie et de soif du sang des ci-devant seigneurs, c'est ce peuple tant calomnié qui a fait tous les frais de la révolution ; et cette révolution est finie, et nous avons la Constitution la plus sage, la plus belle et la plus solide ; et nos voisins, les Liégeois et les Belges, tour à tour jouets du fanatisme et de l'aristocratie, s'entretuent encore avec des fers resserrés, et gémissent sous d'aveugles et malheureux instruments, qui, *bientôt*, à la vérité deviendront eux-mêmes ceux de la raison et de la philosophie... Oui, notre révolution est finie, puisque l'opinion publique l'a faite, puisque tout le monde devient propriétaire des domaines nationaux, que l'intérêt même des mauvais Citoyens ne diffère plus du nôtre, et qu'ils ne peuvent attirer de maux sur nous, sans en être accablés les premiers ! En vain les Lévites dissidens refusent-ils de rendre les armes, ils feroient la conquête de la France qu'ils ne rentreroient pas *définitivement* dans ces biens dont ils ont *si mal usé.* En vain tous ces petits despotes détrônés s'éforcent-ils d'entraîner toute l'Europe sur les pas incertains de leur aveugle fureur, ils feroient la conquête de la France qu'ils ne détruiroient pas une Constitution établie par la sagesse divine et destinée à régir *tout le globe* jusqu'à la consommation des siècles ; nous serions subjugés par un débordement de Scythes ou de Vandales qu'il en arriveroit de nous, ce qui est arrivé aux Chinois si souvent envahis par les Tartares, les vainqueurs seroient les véritables vaincus, car leurs loix cèderoient aux nôtres ; ils deviendroient Citoyens Français... ils le deviendront bien sans cela !

Messieurs, votre but est d'une haute importance. Vous environnerez nos Loix naissantes d'une nouvelle force toujours prête à les protéger, votre œil attentif ne les perdra jamais de vue, vous éclairerez les aveugles, vous soutiendrez la vertu chancelante des faibles, vous suivrez le cours de tous les événements politiques ; parents, amis, intérêt particulier, nulle considération ne vous arrêtera, ne vous détournera ; en un mot vous remplirez dans toute leur latitude les devoirs du Citoyen actif, et vous en recevrez bientôt une digne récompense, vous apprendrez à ces Émigrans rebelles qui, se berçant d'injustes chimères, attendent de notre *ancienne légèreté* le retour de nos malheurs, vous leur apprendrez, dis-je, que les abus sont sans espoir et que le patriotisme, loin de péricliter en France, s'y avive et s'étend plus que jamais. En voyant une Ville que son silence leur faisoit faussement compter dans leur faction, professer publiquement l'amour de leur pays, ils sentiront que, comme l'a dit un de nos plus grands Législateurs, ils ont pris jusqu'à présent leurs vœux pour des espérances et qu'il est temps de rentrer dans une Patrie qui, malgré sa puissance et leurs fautes, ne cesse de leur tendre des bras maternels. Vous féconderez, dans notre nombreuse jeunesse, le germe de toutes les vertus civiques ; vous verrez vos enfans exempts de préjugés, de souvenirs fâcheux ou inutiles, de toute habitude contraire, moins distraits et plus heureux que vous, marcher à grands pas et sans la moindre déviation, vers la connaissance de la Loi, et ne pas oublier que, s'ils valent mieux que nous, nous avons bien mérité d'eux. Et lorsque des circonstances vous appeleront dans d'autres régions de l'Empire, revêtus alors d'un caractère d'élus, vous trouverez par-tout des amis, des frères, une famille ; c'est une conformité de plus qu'ont les Clubs nationaux avec une société vertueuse et savante de laquelle ils sortent peut-être, où ils ont certainement puisé la lumière vivifiante, qui commence à leur faire place, et qui, dans peu *renonçant à ses mystères*, leur donnera tous ses membres comme elle leur a déjà donné tous ses principes. Le premier devoir de la place dont vous avez honoré mon zèle, est, Messieurs, de prêter le serment civique ; je crois que c'est par là qu'il nous faut commencer cette belle journée ; je jure donc, et jurez avec moi, d'être fidèles à la Nation, à la Loi et au Roi, jurons de maintenir la Constitution de tout notre pouvoir et de sacrifier notre liberté même, s'il le falloit, pour asssurer celle de la France.

Ce Discours a été vivement applaudi ; et tous les Membres, composant la Société, ont prononcé le serment civique avec l'effusion du vrai patriotisme. M. Commesnil a demandé que M. le Président voulut bien livrer son discours à l'impression. Cet avis étant devenu celui de l'Assemblée, M. le Président y a consenti. M. Cirille Lefebvre a proposé qu'il fut délibéré que le Procès-verbal de la Séance présente fut en même tems imprimé : ce qui a été ainsi arrêté.

M. le Président a fait lecture d'un projet du réglement pour la Société ; plusieurs articles en ont été adoptés et MM. les Secrétaires ont été chargés de les rédiger et d'en faire le rapport à la prochaine Séance.

Il a été proposé que la Société s'abonnât pour la lecture de différents papiers poliques, savoir, du Moniteur universel, du Journal des Amis de la Constitutïon et des Annales patriotiques et littéraires, qu'elle fit en outre l'emplète de la collection des Décrets sanctionnés ; cette proposition ayant été unanimement agréée, M. le Trésorier a été prié de faire toute diligence pour effectuer incessament l'acquisition et les abonnemens proposés. Il a été de plus arrêté que les journaux, pour lesquels on s'abonnera, seront adressés à la Société et remis chez son Trésorier qui les fera parvenir sans délai dans le lieu des Séances, afin que chaque membre puisse en prendre lecture sans déplacer.

La Société a délibéré qu'il seroit gravé pour son usage un cachet et a chargé son Trésorier d'en présenter le dessein à la prochaine Séance.

L'Assemblée ayant considéré qu'il est indispensable de faire un fonds pour subvenir aux frais des abonnemens auxquels elle s'est décidée et aux premières dépenses d'établissement, a arrêté que chacun des membres composant la Société se cotiseroit dès à présent, et que le montant de la cotisation seroit remis entre les mains de son Trésorier.

Un des premiers vœux de la Société naissante ayant été de correspondre avec le Club des Amis de la Constitution séant aux Jacobins, à Paris, elle a unanimement arrêté que l'affiliation à cette Société mère seroit incessament demandée, et a chargé ses Secrétaires de faire une adresse à cette société et de la faire tenir par le plus prochain courier à M. Dubois de Crancé, député à l'Assemblée nationale, membre de ce club, avec une lettre pour le prier de la présenter, en lui annonçant qu'un exemplaire du présent Procès-verbal lui sera envoyé, aussitôt son impression.

M. le Président a levé la séance à huit heures du soir et a indiqué la prochaine pour samedi, quatre heures de relevée.

LEFEBVRE (DEVILLE), *Président*,
CHATEAUX, } *Secrétaires*.
LEFOL,

A Vitry, de l'imprimerie de Seneuze.

ADRESSE

DE LA Société des Amis de la Constitution,

*Séante à Vitry-le-François, à ses
Concitoyens* (1).

Chers concitoyens,

Nous touchons à l'époque à jamais mémorable où nos dignes Représentans, fatigués de donner des Loix à l'Empire Français, doivent déposer en d'autres mains le Faix glorieux de leurs immenses et précieux Travaux. Le point essentiel, ce qui doit, dans ce moment, occuper tous les Patriotes, tous les vrais amis de la Liberté, est que ce dépôt sacré ne soit confié qu'à des âmes pures qui soient vraiment capables de le recevoir et d'en sentir toute l'importance.

Pour parvenir à ce but, chers Concitoyens, souvenez-vous avant toutes choses qu'on ne peut juger les hommes que d'après leur conduite et leurs actions habituelles, et que les sentimens qu'ils manifestent au dehors dans

(1). Bibliothèque Nationale, Lb 40,3086. En tête de ce document, vignette représentant deux branches de lauriers placées droites sur un socle et surmontées d'un bonnet phrygien. Entre ces deux branches de lauriers : LA LOI ET LE ROI. — Cette adresse constate une certaine lassitude du corps électoral auquel est fait un pressant appel pour les élections de l'*Assemblée législative*, élections où les clubs, presque tous affiliés, comme la *Société populaire* de Vitry, aux Jacobins, allaient jouer un peu partout un rôle prépondérant.

des circonstances qu'ils n'ont pu prévoir, sont presque toujours l'image de leurs sentimens intimes.

Avant donc de vous déterminer pour tel ou tel personnage, rappelez-vous les différens rôles qu'il a joué avant et depuis la révolution ; ne perdez pas de vue que trois choses lui sont essentiellement nécessaires pour être promu à la dignité d'Electeur, du Patriotisme, des Vertus, des Talens. Ne vous déclarez pas d'abord pour celui qui affiche un patriotisme de fraîche date, car souvent ce n'est qu'un masque qui cache l'aristocratie la plus perfide. Si vous avez des doutes sur le patriotisme de quelques personnes que vous vous proposiez de nommer, faites-vous intérieurement les questions suivantes. Cet homme, sous l'ancien régime, étoit-il l'ami du cultivateur, de l'artisan? leur parloit-il avec douceur, aménité, ou les traitoit-il avec mépris ? n'a-t-il point cherché à faire des dupes de ses fermiers, de ses ouvriers ? a-t-il voulu exiger plus qu'il ne lui étoit dû des uns, a-t-il retenu aux autres sur leur salaire ? s'est-il conduit avec honneur dans les affaires dont on l'avoit chargé ? a-t-il rendu justice à l'indigent comme au riche, ou bien a-t-il favorisé le riche au détriment du pauvre ? a-t-il ruiné en frais ses débiteurs qui ne demandoient que du temps pour s'acquitter envers lui ? Ces questions et d'autres que votre imagination et votre patriotisme pourront vous suggérer, vous aideront à discerner l'homme qui mérite le plus vos suffrages.

Si l'on vous a prévenu sur le compte de quelqu'un, cherchez à connoître la vérité, ne vous attachez qu'à elle, méprisez la calomnie. Si vous ne vous sentez pas assez instruit sur le mérite d'une personne que vous voudriez adopter, consultez-vous avec vos amis, vos voisins et surtout avec les patriotes bien connus que vous rencontrerez. Soyez toujours en garde contre les suggestions des ci-devant privilégiés : ne perdez pas de vue que l'aristocratie doit vous tendre des pièges sous le manteau du patriotisme, qu'elle fera tous ses efforts pour vous faire prendre le change, et pour faire entrer dans la prochaine législature de ses agens perfides, en nombre suffisant pour attaquer dans tous ses points notre Constitution et ramener, s'ils le peuvent, les horreurs de l'ancien régime. Citoyens, ce seroit le plus grand malheur qui pût arriver à la Nation Françoise, et vous ne pourrez l'éviter qu'en choisissant pour Electeurs des patriotes reconnus par leurs vertus et leurs lumières.

La plus belle, la plus précieuse prérogative d'une Nation puissante et éclairée est sans contredit, la faculté de choisir ses Représentants et ses Fonctionnaires publics, ses Représentants pour lui donner des Lois, ses Fonctionnaires publics pour surveiller leur exécution.

Citoyens, vous seriez incapables de porter ce titre glorieux, si vous négligiez de vous rendre avec empressement aux Assemblées primaires ; là, remplis du saint Amour de la patrie, vous devez jurer sur votre âme et conscience de ne nommer Electeurs que les personnes dignes de la confiance publique.

Les Patriotes sensibles et éclairés voient avec douleur que depuis la Nomination que nous avons faite de nos officiers Municipaux toutes nos Assemblées primaires se sont trouvées totalement désertes. On ne sait pourquoi ce caractère d'inertie et d'insouciance qui distingue si mal notre Ville des autres Cités de l'Empire ; on ne sait pourquoi dans cette Ville où nombre d'individus gagnent à la Révolution, et qui renferme dans son sein des esprits justes et éclairés,

on a été forcé de dire que le Patriotisme
semblable à un arbuste planté dans une terre
ingrate et stérile, ne pouvoit y prendre ra-
cine. Ce n'est qu'avec peine, n'en doutez pas,
chers Concitoyens, que nous nous détermi-
nons à révéler ces reproches honteux, mais
l'intérêt général, la cause commune nous y
obligent, et nous deviendrions parjures, si
nous négligions de détruire l'erreur par-tout
où elle se rencontre, sur-tout une erreur d'un
genre nouveau dont on n'a peut-être pas
d'idée dans aucune Cité.

Citoyens, vous vous êtes rendus coupables envers : Patrie, en négligeant de donner votre p   ence aux Assemblées primaires. Quelqu   soient les motifs qui vous en
aient détourné, qu'ils soient venus de votre
propre mouvement, qu'ils vous aient été
suggérés, vous devez maintenant les aban-
donner tous, si vous voulez que notre mal-
heureuse Cité se dérobe à cette flétrissure
unique et qui deviendroit pour elle une tache indélébile.

Nous vous en conjurons, chers Concitoyens, au nom de la Patrie qui réclame vos
suffrages, rendez vous tous aux Assemblées
primaires, préférez pour un instant le bien
général à l'intérêt particulier, ne craignez
pas de prendre sur votre travail une journée
ou deux, vous en sacrifiez souvent davantage avec des amis pour des motifs peu inté-
ressans. Citoyens, si vous êtes jaloux de ce
titre, vous devez en remplir les devoirs, devoirs sacrés que l'intérêt de la Patrie exige
impérieusement. Qu'aucune considération
ne vous arrête, soyez toujours prêts à défendre votre Liberté, et ne doutez jamais
que c'est par les lumières de vos Représentans patriotes librement élus que vous pouvez espérer de la conserver.

Tôt ou tard l'erreur doit faire place à la
vérité, et comme l'erreur est quelquefois

fille de l'ignorance, nous nous persuaderons volontiers que vous eussiez rempli vos devoirs si quelqu'un vous les avoit fait connoître.

Nous sommes également persuadés, Citoyens, que la lenteur inséparable des dépouillemens des scrutins de listes doubles pourroit bien être un des motifs qui vous ont éloigné des dernières Assemblées ; sans discuter sur ce motif illégitime par rapport à l'intérêt de la Patrie, nous nous empresserons de vous annoncer que ce travail se trouve réduit à moitié, au moyen de la suppression du scrutin de liste double qui sera simple aux prochaines Assemblées. Si vous avez besoin d'autres instructions de détail, vous les apprendrez en assistant à nos Séances. Citoyens, vous pouvez y venir avec confiance, interrogez-nous sur ce que vous ignorez, nous vous instruirons et nous vous mettrons à même de remplir vos devoirs et vos obligations envers la Patrie, en vous les développant et vous les faisant connoître dans toute leur étendue.

SIMON, *Président.*
LE FOL,
DESCHIENS, *Secrétaires.*

A Vitry, de l'imprimerie de Seneuze, 1791.

Adresse de la *Société des Amis de la Constitution*, séante à Vitry-le-François à toutes les municipalités du District (1).

Messieurs,

Nous touchons à l'époque où les François doivent apprendre à l'Univers qu'ils sont dignes de la Liberté et qu'ils sont prêts à sacrifier leur fortune et leur vie plutôt que de retomber sous le joug des Tyrans. Tout nous annonce que les puissances voisines conspirent contre nous, et déjà nos frontières sont menacées d'une invasion prochaine. Les vrais amis de la Constitution doivent donc, en ce moment, prouver leur patriotisme et leur dévouement à la chose publique autrement que par des paroles.

Les Contributions sont arriérées; il est presque impossible que le Trésor public fournisse à l'entretien des Citoyens qui vont voler sur les Frontières. Il faut donc que ceux qui ne peuvent payer de leur personne, s'empressent d'offrir à la Patrie, suivant leurs facultés, les secours que nécessitent les circonstances. Rester indifférens sur les dangers qui nous menacent de toutes parts, ne pas contribuer par tous les moyens qui sont en notre pouvoir au salut de l'Empire, ce seroit renoncer à être libres, ce seroit vouloir redevenir esclaves.

Pénétrée de cette vérité, la Société vient d'arrêter qu'elle ouvriroit dans son sein une souscription pour fournir à l'entretien de ceux de nos Frères qui sont prêts à aller verser leur sang pour la défense de la Liberté. Déjà quelques Citoyens sont venus au milieu de nous déposer leur offrande.

Persuadés, Messieurs, que vos sollicitations, jointes aux nôtres, donneront à ces zélés patriotes beaucoup d'imitateurs, nous vous prions d'ouvrir dans l'étendue de votre Municipalité une pareille souscription, et d'exhorter les Citoyens qui, pour des raisons diverses, ne peuvent se porter sur les Frontières, à verser en vos mains les sommes qu'ils destineront à subvenir aux besoins de ceux qui vont s'armer pour les défendre.

Que tous les Citoyens s'empressent donc de seconder nos efforts ; instruits par nous, qu'ils regardent comme Traîtres ceux qui, par des suggestions perfides chercheroient à les égarer en les détournant de vous offrir les sacrifices pécuniaires que les dangers de la Patrie exigent impérieusement.

CHATEAUX, *Président.*
THOMINE, fils aîné} *Secrétaires.*
JACQUILLON,

A Vitry, de l'imprimerie de Seneuze, 1791.

.˙.

*Non nobis, sed Reipublicæ
nati sumus.*

Ce n'est pas pour nous, mais pour la République que nous existons.

RÉGLEMENT
DE LA
SOCIÉTÉ POPULAIRE
ET
MONTAGNARDE
DE
VITRY SUR MARNE
PRÉCÉDÉ DU RAPPORT
DU COMITÉ (1)

LIBERTÉ, ÉGALITÉ
FRATERNITÉ

LA RÉPUBLIQUE
OU LA MORT

A Vitry-sur-Marne,
chez Seneuze, Imprimeur libraire de la Société.

(1) Bibliothèque Nationale, Imprimés, Lb 40,3087.

RAPPORT
DU
COMITÉ

Frères et Amis,

Vous avez senti le besoin d'établir l'ordre dans vos discussions et vous avez senti que si vous n'adoptiez pas des Réglemens dont il ne sera permis à aucun membre de s'écarter, vos Délibérations ne présenteroient aucune utilité, et éloigneroient de votre sein tous les Citoyens qui ne se sont associés à vos travaux que pour discuter les grands intérêts de la République et ceux qui assistent à vos séances pour s'instruire de leurs droits et de leurs devoirs.

Le Comité que vous avez nommé s'est pénétré de ces idées et il a calculé son travail de manière à prévoir autant qu'il étoit possible, toutes les circonstances, où il faut qu'une Loi Réglementaire rappelle à chacun ses obligations.

Il a cherché un mode de Délibération qui, sans laisser prolonger les discussions pendant un trop long espace de temps, permette de les mûrir et de ne les terminer que quand elles seront suffisamment éclaircies, que quand il ne restera plus de doute et d'incertitude dans l'esprit de ceux qui devront prononcer leur jugement.

Nous avons remarqué qu'un des grands vices de nos délibérations étoit la faculté accordée à chacun de parler autant de fois qu'il le jugeoit à propos, sur la même question, de permettre au même individu de monter à la Tribune pour réfuter à chaque fois celui qui avoit combattu sa proposition.

Nous avons établi un ordre qui doit remédier à cet abus, en laissant cependant à chacun la liberté de défendre son opinion et de la développer.

Nous nous sommes aperçus que la Société Populaire se donnoit un grand ridicule en prenant aujourd'hui un Arrêté pour le rapporter demain et le changer encore le lendemain. Nous vous indiquons des moyens d'empêcher que l'opinion de la Société soit ainsi toujours vacillante, et nous lui assignons un terme où elle doit se fixer ; mais aussi nous exigeons qu'elle soit réfléchie, qu'elle soit certaine avant de se prononcer.

Nous vous engageons à être très difficiles sur l'admission des candidats et principalement de ceux qui ne sont point domiciliés en cette commune. Nous les faisons passer par des épreuves indispensables, et sans lesquelles il vous seroit impossible de les bien connoître.

Tous ceux qui assistent à vos séances, sentent le vide de vos discussions, ils s'apercevoient tous les jours que votre Société n'a aucun but moral, qu'elle s'occupe sans cesse de vétilles, que des objets qui devroient être éliminés sans discussion, consomment vos momens les plus précieux. Ils se plaignent avec raison que vous n'avez point le caractère qui vous convient, que les leçons de vertus, l'explication des Lois, l'instruction en un mot, sont les objets dont vous vous occupez le moins ; ces vérités sont dures, mais des Républicains doivent parler sans détour.

Nous nous sommes occupés essentiellement de ramener la Société au point dont elle n'auroit jamais dû s'éloigner ; l'instruction du Peuple, la discussion continuelle des droits de l'homme et du citoyen, l'explication des devoirs que chacun doit remplir, et dont il ne peut s'écarter sans crime.

Les dénonciations occupent des séances entières, et souvent on n'obtient aucun résultat. Sans doute il faut surveiller, il faut dénoncer les conspirateurs, il faut leur faire une guerre à mort ; mais il faut éloigner de vos discussions, les dénonciations vagues qui ne sont appuyées sur aucuns faits, qui sont dictées par les haines particulières, par les passions des individus. Il faut éloigner, surtout, les dénonciations de ces hommes qui, lâches par caractère, rampent sans cesse devant ceux dont ils espèrent quelques faveurs, ne portent leurs coups que dans l'ombre, qui dénoncent en secret ceux qu'ils flattent en public et qui empruntent des signatures pour dénoncer les meilleurs Patriotes.

Qu'il me soit permis de vous le dire en passant, méfiez-vous de ces Patriotes de quinze jours, de ces hommes turbulens qui lèvent insolemment la tête dans les momens de calme et de sécurité, et qu'on n'a point apperçu dans les tems d'orage et de crise ; nous les voyons toujours se mettre en avant. Ils voudroient, s'il étoit possible, l'emporter sur ceux qui se sont déclarés les amis de la Révolution lorsqu'il y avoit une sorte de danger à le paroître ; ils voudroient anéantir ceux qui ont fondé la Liberté, pour substituer à l'intérêt général leur intérêt particulier et leurs passions. C'est l'intrigue, comme vous l'a dit le Comité de salut public, qui veut succéder au fédéralisme.

Les malveillans, les hommes qui n'assistent à nos séances que pour nous troubler, seront ici facilement démasqués. Ils n'auront plus pour prétexte l'ingratitude du Local, la mauvaise disposition des places assignées aux Sociétaires ; il faut ici que tout rentre dans l'ordre, il faut que les mal intentionnés soient connus, et que le Patriotisme et la vertu triomphent.

L'objet essentiel est que chacun s'attache scrupuleusement à l'exécution des Réglemens, que tout Sociétaire se pénètre bien des motifs qui les rendent nécessaires. Il faut surtont qu'on ne s'opiniâtre pas à avoir raison envers et contre tous ; que le Membre qui aura été repris pour une faute, n'insiste pas sans cesse, et n'oblige pas le Président d'user de toute la sévérité qui lui est commandée par les Réglemens.

Qu'on se persuade bien que tant que chacun voudra parler avec son voisin, il sera impossible d'obtenir la tranquillité ; l'Orateur ou le Président, voilà les seuls que l'on doit entendre, celui qui parle en même temps qu'eux est un infracteur de la Loi, il est cause du tumulte qui survient ; si la Société est troublée, c'est par sa faute.

Si un citoyen émet une opinion qui déplait, qu'on l'écoute toujours avec calme et tranquillité ; qu'un de ses frères le ramène avec douceur dans le sentier de la vérité, après qu'on l'aura laissé s'expliquer et que des interruptions et des murmures ne présentent pas sans cesse le scandale d'une assemblée tumultueuse.

Qu'on écoute aussi avec attention celui qui n'annonce pas cette facilité d'expression, que la nature n'a pas dispensée à tous les hommes ; tel souvent s'exprime mal, et qui produit de meilleures idées que celui qui arrange artistement ses phrases.

Que ceux qui, par leurs talens, leur longue habitude du travail et leurs études particulières sont à même d'expliquer les Lois, de rendre notre Société une école d'instruction, une école utile à tous les Citoyens, viennent plus souvent ici nous communiquer leurs lumières, et qu'ils dérobent quelques instans à leurs travaux particuliers pour l'instruction commune.

Que chacun, avant tout, commence par l'abnégation de lui-même, qu'il oublie tout ce qui lui est personnel, pour ne s'occuper que de l'intérêt général. Qu'aucune considération particulière ne nous arrête, dans les circonstances où la République exige le sacrifice de notre intérêt, de notre repos et de nos plus chères affections ; celui-là n'est pas un républicain, qui n'oublie pas tout ce qui l'environne, lorsqu'il s'agit du salut de la Patrie.

Les idées que je n'ai fait qu'effleurer vont se développer davantage dans les articles de détail dont je vais vous faire lecture :

RÉGLEMENT
DE LA
SOCIÉTÉ POPULAIRE
ET
MONTAGNARDE
DE
VITRY-SUR-MARNE

Le but de la Société est de défendre la Liberté, l'Egalité et la République contre tous les genres d'oppression et de tyrannie. Ses moyens seront aussi purs que l'objet qu'elle se propose, la publicité sera le garant de toutes ses démarches ; professer ses principes sans détour, ce sera le moyen par lequel elle travaillera à obtenir l'estime publique, qui seule peut faire sa force et son utilité.

La fidélité à la République, le dévouement à la défendre seront les premières Lois imposées à ceux qui voudront être admis dans son sein. Les titres pour s'y présenter seront sur-tout l'amour de l'Egalité et le sentiment profond des droits des hommes qui nous porte, par sa nature, à nous dévouer à la défense des foibles et des opprimés.

Après avoir exposé le but de son association, le Réglement propre à la diriger sera extrèmement simple.

CHAPITRE PREMIER

Bureau de la Société

La Société Populaire et Montagnarde de Vitry-sur-Marne sera organisé ainsi qu'il suit :

ARTICLE PREMIER.

Il y aura un Président, un Vice-Président, deux Secrétaires, deux Vices-Secrétaire, un Trésorier et deux Archivistes.

II

Le Président et le Vice-Président seront élus tous les mois. Ils seront nommés au scrutin individuel et à la majorité absolue des suffrages des Membres présens.

III

Ils ne pourront être réélus qu'après l'intervalle d'une Présidence.

IV

Tous les mois il sera nommé un Secrétaire et un Vice-Secrétaire nouveaux, à la place des plus anciens, au scrutin individuel et à la pluralité relative des suffrages des Membres présens.

V

Le Trésorier et les Archivistes resteront

en exercice pendant un an ; il sera nommé tous les six mois un Archiviste, à la place du plus ancien.

CHAPITRE SECOND

Président

ARTICLE PREMIER

Les fonctions du président seront de maintenir l'ordre dans l'assemblée, d'y faire observer les Règlemens, d'y accorder la parole, d'y résumer les motions et amendemens, d'annoncer le résultat des suffrages, de répondre aux députations, d'y nommer, de prononcer les décisions de la Société, de porter la parole en son nom, et de désigner les membres qui devront composer les différens Comités.

II

Les lettres et Paquets destinés à la Société ou qui seront adressés au Président pour elle, seront par lui ouverts, Séance tenante.

III

Le Président ne pourra faire aucune motion ni parler sur un débat, si ce n'est pour expliquer l'ordre et le mode de procéder dans l'affaire mise en délibération, ou pour ramener à la question ceux qui s'en seroient écartés.

IV

Si le Président veut prendre part à la discussion, il sera tenu de quitter sa place, et

il ne pourra la reprendre que la discussion,
à laquelle il aura pris part, ne soit terminée.

V

Le Président et le Vice-Président ne
pourront être choisis pour être d'aucune
députation, ni Membres d'aucun Comité,
pendant tout le tems que durera leur exercice, à moins qu'ils ne soient nommés par
acclamation pour être d'une députation.

VI

Le Président annoncera l'ouverture et la
levée des Séances, et dans tous les cas, il
sera soumis à la volonté de l'Assemblée.

VII

A défaut des Président et Vice-Président,
ils seront remplacé par les anciens Prési-
dens, selon l'ordre immédiat de leur sortie
d'exercice.

CHAPITRE TROISIÈME

Secrétaire

ARTICLE PREMIER

Le Secrétaire dernier nommé rédigera les
Procès-Verbaux, il en fera la lecture au
commencement de chaque Séance, pour être
définitivement arrêtés.

II

Le Secrétaire le plus ancien sera chargé
d'inscrire les Candidats. Il sera tenu d'en

dresser un Tableau et d'en faire la lecture, tous les Décadis.

III

Le même Secrétaire rendra compte, tous les jours de Décadi, de l'exécution des Arrêtés.

IV

Les Secrétaires seront Membres nés du Comité de correspondance. Ils ne pourront être choisis pour être d'aucun autre Comité, ni d'aucune députation pendant le tems de leur exercice, à moins qu'ils ne soient nommés par acclamation pour être d'une députation.

CHAPITRE QUATRIÈME

Trésorier

ARTICLE PREMIER

Le Trésorier aura entre les mains tous les deniers appartenant à la Société, provevenants tant du produit des réceptions et cotisations que des souscriptions qui pourront être faites.

II

Il ne pourra disposer d'aucune somme que d'après l'assentiment de l'Assemblée, excepté pour les dépenses journalières.

III

Il rendra ses comptes à toute réquisition,

et sera tenu à la responsabilité durant son
exercice.

IV

A la fin de chaque trimestre, ses comptes
seront vérifiés, arrêtés et signés par deux
Commissaires.

CHAPITRE CINQUIÈME

Archivistes

ARTICLE PREMIER

Les Archivistes seront chargés de veiller
à la conservation des Nouvelles publiques,
Adresses, Lettres et Paquets appartenants
à la Société, d'empêcher qu'ils ne sortent
de la salle, et d'en rendre un compte exact
à leurs successeurs.

II

Ils ne laisseront emporter aucuns papiers,
sans avoir pris un recépissé.

III

Ils ne pourront, sous tel prétexte que ce
soit, laisser emporter les papiers de la Décade ; ils tiendront tout enfermé sous clef.

CHAPITRE SIXIÈME

Assemblées

ARTICLE PREMIER

La Société s'assemblera tous les jours de
Courrier et les jours de Décade.

II

Toutes ses séances seront publiques.

III

Les Assemblées extraordinaires seront convoquées au son du tambour.

CHAPITRE SEPTIÈME

Réceptions

ARTICLE PREMIER

Les Citoyens qui voudront entrer dans la Société, se feront présenter par deux Membres et inscrire par le plus ancien Secrétaire sur un tableau exposé publiquement ; ils ne pourront être reçus que dix jours après leur inscription sur le Tableau.

II

Après que le Président aura interpellé les Membres de la Société et les Citoyens des Tribunes, de déclarer s'ils n'ont point de reproches à articuler contre un Candidat proposé, et que les réclamations, s'il y en a, auront été entendues contradictoirement avec le Citoyen inculpé, l'admission sera mise aux voix.

III

Pour qu'un candidat puisse être admis, il devra réunir la majorité des suffrages et re-

présenter un Certificat de civisme visé par
le Comité de surveillance de sa Section.

IV

Les Citoyens qui ne seront pas domiciliés
dans la Commune de Vitry et qui voudront
entrer dans la Société seront tenus, avant
tout, de présenter un certificat de civisme
de leur Municipalité, visé par le Comité de
surveillance de leur canton ou de leur
Section.

V

Ils seront présentés par deux Membres
qui répondront de l'authenticité des attestations et Certificats dont ils seront munis ;
et leur inscription au Tableau, avec leurs
noms, prénoms et domicile, sera de quinze
jours, afin de donner le tems à chaque
Membre de la Société de prendre des infor-
mations.

VI

Ils pourront être reçus en leur absence,
s'il ne s'élève aucune réclamation, après la
lecture de leurs Certificats de Civisme.

VII

Un membre reçu ne pourra prendre part
aux délibérations qu'il n'ait prêté le serment : de maintenir la Liberté et l'Egalité,
ou de mourir en les défendant ; de porter
une haine éternelle aux Rois et au Fédéralisme et de n'avoir jamais signé aucune
Pétition contrerévolutionnaire.

CHAPITRE HUITIÈME

Ordre de la parole

ARTICLE PREMIER

Aucun membre ne pourra parler qu'après avoir demandé la parole au président, et quand il l'aura obtenue, il ne pourra le faire que debout ou à la Tribune.

II

Si plusieurs membres se lèvent, le Président donnera la parole à celui qui se sera levé le premier, et s'il y a quelque réclamation sur sa décision, le Bureau prononcera.

III

Tout membre a le droit de proposer une motion, et toute motion présentée doit être appuyée par deux Sociétaires ; sans quoi, elle ne pourra être discutée.

IV

Aucun membre, sans en excepter l'auteur de la motion, n'obtiendra la parole pour la seconde fois, sur la même question, qu'après que tous les Orateurs inscrits auront parlé.

V

Les motions importantes, sauf l'urgence, ne seront point arrêtées le jour même où elles auront été proposées ; l'Assemblée prononcera sur l'urgence.

VI

Lorsqu'une discussion aura été ajournée et que l'arrêté aura été mûrement réfléchi pendant deux ou trois séances, on ne pourra en demander le rapport, à moins que la Société n'ait déclaré qu'il y a urgence.

VII

Toute question sera décidée à la majorité des suffrages ; les Voies seront recueillies par assis et levé, épreuve et contre-épreuve ; s'il y a doute, on fera l'appel nominal.

CHAPITRE NEUVIÈME

Police

ARTICLE PREMIER

Le Président sera tenu d'ouvrir les séances à l'heure indiquée par le Réglement; elles commenceront par la Lecture des Papiers publics, du Procès-Verbal de la dernière Séance et de la Correspondance.

II

La Séance ouverte, chacun restera assis ; la Sonnette sera le signal du silence, et celui qui continueroit de parler, malgré ce signal, sera rapellé à l'ordre par le Président.

III

Tout membre peut réclamer le silence et l'ordre, mais en s'adressant au Président.

IV

Tout mouvement d'approbation et d'improbation est absolument défendu aux membres de la Société et aux Citoyens des Tribunes ; sous peine, pour la première fois, d'être rappelés à l'ordre ; la seconde, d'être censurés nominativement au Procès-Verbal, et la troisième exclus pour une Décade.

V

Nul ne peut être interrompu quand il parle ; si un Membre s'écarte de la question, le Président l'y rapellera ; s'il manque de respect à l'Assemblée, ou se livre à des personnalités, le Président le rapellera à l'ordre.

VI

Si le Président néglige de rapeller à l'ordre, tout Membre aura droit d'interpeller le Président pour le faire.

VII

Les peines contre l'oubli de la décence et la violation de l'ordre, seront, pour la première fois, d'être rapellé à l'ordre ; pour la seconde fois, d'être censuré et inscrit au Procès-Verbal ; pour la troisième, d'être exclu d'une ou plusieurs Séances, même pendant un Mois.

VIII

Si quelque Sociétaire se permet de crier : à bas, il sera, pour la première fois censuré et inscrit au Procès-Verbal ; pour la seconde fois, exclu pendant une Décade ; pour la troisième, rayé du Tableau.

IX

Si quelques Citoyens ou Citoyennes des Tribunes se permettent de crier : à bas, ils seront censurés pour la première fois ; pour la seconde, exclus pendant une Décade ; pour la troisième, exclus pour toujours.

X

Les Citoyens qui, dans l'enceinte de la Société ou dans les Tribunes, menaceront, injurieront ou frapperont d'autres Citoyens, seront jugés sur le champ, même en cas d'évasion.

XI

Si un Membre se présente dans un état d'ivresse, il sera exclu pour une Décade et, s'il insiste, il sera exclu pour un Mois.

XII

Les peines seront prononcées par le Président ; il ne pourra prononcer l'exclusion pour un tems ou pour toujours qu'après avoir consulté l'Assemblée.

XIII

Lorsque le trouble régnera dans la Société et que le Président aura fait ses efforts pour rétablir le calme sans avoir réussi, il se découvrira ; tous les Membres se découvriront en même tems et garderont le plus profond silence.

XIV

Nul ne prendra place auprès du Bureau qui est exclusivement destiné aux Président, Secrétaires, Trésorier et Archivistes.

XV

Il sera nommé un Censeur pour garder la porte qui conduit dans l'enceinte destinée aux Sociétaires ; il ne laissera entrer aucun Citoyen s'il n'est muni d'une Carte ou d'un Diplôme, à moins qu'il ne soit reconnu par deux Membres de la Société.

XVI

Il sera établi un Factionnaire à chacune des portes qui servent d'entrée aux Tribunes des Citoyens et des Citoyennes, pour empêcher de s'introduire les enfans trop jeunes pour profiter des instructions.

XVII

Tous les Membres de la Société seront inscrits par rang d'ancienneté et par ordre de date sur un tableau exposé dans la Salle des Séances.

CHAPITRE DIXIÈME.

Comités.

ARTICLE PREMIER.

Il y aura un Comité de Surveillance, un Comité de Correspondance, un Comité d'Instruction, un Comité de Bienfaisance.

II

Le Comité de Surveillance sera composé de sept membres.

III

Leurs fonctions seront de recevoir les dénonciations faites à la Société, de chercher à s'en procurer la preuve, d'en faire leur rapport, d'énoncer leur opinion sur le parti à prendre et d'indiquer les précautions que leur civisme et leur prudence leur suggéreront pour l'intérêt et la sûreté publics.

IV

La Société ne pourra prendre de parti définitif sur aucune dénonciation, qu'elle n'ait été scrupuleusement examinée par le Comité de surveillance. Si la dénonciation est faite par écrit, le Comité devra avant tout, s'assurer de la vérité de la signature.

V

Le Comité de Surveillance sera aussi chargé de la Police intérieure et extérieure de la Société.

VI

Le Comité de Correspondance sera composé de cinq Membres.

VII

Ils seront tenus de s'assembler au commencement de chaque séance pour examiner les lettres et paquets à l'adresse de la Société et en faire leur rapport à la Tribune, immédiatement après la lecture du Procès-Verbal.

VIII

Le Comité de Correspondance sera chargé de rédiger toutes les Adresses, Réponses et Pétitions à faire par la Société ; il sera chargé également de faire tous les envois aux Sociétés affiliées.

IX

Le Comité d'Instruction sera composé de dix-neuf Membres.

X

Ce Comité sera tenu, les jours de Séance, immédiatement après la lecture de la Correspondance, d'expliquer, par un de ses Membres, à tour de rôle, une ou plusieurs lois.

XI

Tous les jours de Décade il fera une instruction de Morale.

XII

Le même Comité sera chargé d'envoyer, tous les jours de Décade, deux de ses Membres dans les campagnes, pour y propager les principes de la Révolution.

XIII

Le Comité de Bienfaisance sera composé de sept Membres.

XIV

La Société n'accordera aucuns secours à ceux qui en réclameront, qu'elle n'ait entendu le Comité de Bienfaisance qui s'assurera avant tout des besoins des Pétitionnaires.

XV

Les Comités seront renouvelés tous les trois mois ; les Membres pourront été réélus.

XVI

Il sera dressé un Tableau nominatif des Membres qui composeront les différens Comités ; ce Tableau sera affiché dans la Salle.

XVII

Si dans le cours d'une Séance, on renvoie quelque chose à un Comité, les Secrétaires seront tenus d'en donner avis au Président du Comité, qui convoquera les membres.

XVIII

Nul ne pourra être Membre de deux Comités.

La Société populaire et Montagnarde de Vitry-sur-Marne remet l'exécution du Réglement qu'elle se prescrit, sous la garantie de chacun de ses Membres, la protection des Lois, la bienveillance des Corps constitués et le Patriotisme de tous les Citoyens (1).

MAUGIN, *Vice-Président.*
MOREAU, } *Secrétaires.*
PANET,

(1) Cette pièce n'est pas datée, mais le mot *Montagnarde* remplace à peu près la date absente.

La Société Populaire
de
Vitry-sur-Marne
à ses Concitoyens. (1)

Les jours ténébreux de l'Anarchie vont
s'enfuir ; le Règne des Loix approche. Notre
Gouvernement désormais assis sur des ba-
ses immuables, sur les principes éternels

(1) Bibliothèque Nationale, Imprimés, Lb 40, 3088.
Cette pièce provient, comme la première et la troisième de ces pièces, du fonds Labédoyère. M. de
Labédoyère, un ami de M. Xavier Marmier, fut un
grand collectionneur de livres et brochures révolutionnaires qui sont pour la plus grande part, entrés,
après sa mort à la Nationale. — En tête de cette
pièce figure une vignette, reproduction probable du
cachet de la *Société populaire :* on lit entre deux
branches de lauriers : *Non nobis, sed Reipublicæ
nati sumus,* et en exergue : *Société des Amis de la
Constitution.* Cette vignette se trouve aussi en tête
de la troisième pièce que nous avons publiée ici. —
Dans cette adresse la *Société populaire* invite les
électeurs de Vitry à se rendre dans les assemblées
primaires où une nouvelle Constitution, la Constitution de l'an III, était soumise à l'acceptation du peuple. Le 1er vendémiaire an IV (23 septembre 1795) la
Convention proclamait la Constitution adoptée par
la majorité des électeurs des Assemblées ; mais les
abstentions, parmi les quatre millions d'électeurs,
furent nombreuses. La Constitution fut acceptée par
1.037.390 voix contre 49.977. (Cf E. Ollivier, *1789 et
1889,* Paris, 1889, p. 177-178; Germain Sarrut. *Hist.
de France de 1792 à 1819,* Paris, 1852, p 46, et un
admirable historien, inconnu et oublié, Gallais, « qui
avait assisté comme témoin à toutes les scènes du
grand drame révolutionnaire », *Histoire de France
depuis la mort de Louis XVI jusqu'au traité de
paix du 20 novembre 1815,* p. 329.)

de l'ordre social, sur les droits naturels et imprescriptibles des hommes, sera le triomphe de la raison et servira de modèle à tous les Peuples.

Sous ce Régime républicain, il ne suffira pas de protester avec éclat de son amour pour la Patrie, de se livrer à des actes d'enthousiasme qui souvent portent atteinte au bon ordre. Il faudra que le langage et les actions du Citoyen soient aussi purs que l'essence de la Loi. Les mots LIBERTÉ et EGALITÉ ne recevront plus d'extension tout à la fois ridicule et dangereuse ; leur définition légale sera la règle de tous. On ne distinguera plus d'autres Zélateurs du bien public, que ceux-là qui s'honoreront de la rigide observance des Décrets. Tous les pouvoirs politiques demeureront invariablement établis, et personne n'en dérangera l'équilibre, n'en déplacera les bornes.

La Révolution est accomplie, et la nouvelle Constitution sera bientôt adoptée.

C'est là que nos droits et nos devoirs communs doivent être tracés. Hâtons-nous d'ouvrir ce Code précieux. Sondons cette source pure d'où doit jaillir la félicité publique.

Le projet de ce grand œuvre attend notre examen, notre sanction ou notre réprobation.

Concitoyens, faudroit-il un motif plus pressant pour vous porter dans le sein 'de vos Frères, *(Les Amis de la Liberté et de l'Egalité)*.

Le moment est venu, où on regardera comme un crime de n'avoir rien fait pour les intérêts de l'Etat. Eh ! n'est-ce pas à l'indifférence du plus grand nombre, à cette sorte de léthargie que l'on pourroit attribuer avec raison la plupart des égarements et des excès qui ont affligé plusieurs parties de la République ?

Oui, sans doute, ne craignons pas de le dire : les hommes n'ont point été tout ce qu'ils devoient être dans la marche de cette révolution.

Les uns, tristes jouets d'une opinion trompeuse ou victimes de leur ignorance, ont méconnu les douces émotions du dévouement Patriotique.

Les autres, d'ailleurs amis de notre regénération, mais dépourvus d'une âme ferme et courageuse, ont toujours craint d'exprimer hautement leur opinion : et c'est ainsi que la Patrie n'a reçu qu'une faible portion des secours que nous lui devons.

Loin de nous la plus légère suspicion sur le sentiment intime de nos Concitoyens. Nous savons qu'ils portent tous le germe du Patriotisme. Mais ils ont négligé de lui donner le développement qui ne s'effectue que dans la réunion des esprits. Tous ont donné les signes apparens de la Fraternité et personne ne s'est rendu Scrutateur des Consciences. De là, l'ordre, la paix et la concorde maintenus dans notre enceinte, de là, ces titres à l'estime universelle.

Aujourd'hui nous trouvons un nouveau sujet d'affermir notre gloire ; sachons en profiter. Confondons tous nos esprits en un seul ; serrons-nous les uns contre les autres; ne faisons qu'une seule famille et que nos liens soient indissolubles. Qu'un centre d'unité, garant de notre force, jette le désespoir au milieu des ennemis conjurés pour notre ruine ; qu'il soit en même tems une digue impénétrable au torrent des factieux qui cherchent des succès dans le trouble. Là nous travaillerons avec courage au salut de la France, et nous veillerons perpétuellement sur l'honneur de cette Cité.

L'assurance des grands avantages que nous devons recueillir dans cette aggrégation Civique, le désir pressant de fraterniser avec vous, le besoin d'attirer les talens qu'appelle la discussion du projet de Constitution ; tels sont les motifs qui sollicitent de la Société populaire la démarche qu'elle fait auprès de vous.

Jusqu'à présent cette Société se glorifie d'avoir protesté et exécuté les principes de la liberté, sans mélange de passions étrangères à la passion du bien. Ses discussions sont le témoignage authentique de son respect pour les Lois et les autorités qui en sont les Organes et les Protecteurs. Enfin elle ose avancer qu'ayant toujours sous les yeux le but de son institution, aucunes de ses déterminations n'ont blessé l'harmonie sociale ; toute imputation contre elle seroit l'ouvrage de la malveillance et de la calomnie. Vous même seriez nos apologistes.

Eh bien, la gravité de la circonstance n'est-elle pas propre à électriser toutes les âmes ! N'est-il pas tems d'acquitter la dette que chaque Citoyen contracte à sa naissance envers la Société ? N'est-il pas tems de produire en public l'amour du bien que vous concentrez en vous-même. Il n'en est aucun parmi vous dont les facultés morales ne nous promettent de grandes ressources. Pourquoi tarderiez-vous à nous faire le partage de cette dote de la nature ? Quand la Loi constitutionnelle de l'État va s'établir, quand la destinée de la France, des Générations futures, doit être irrévocablement réglée ; pourriez-vous vous contenir dans un plus long silence ? pourriez-vous résister à notre invitation ? Non, la voix de vos Frères ne sera point impuissante ; l'ardeur qui les anime passera dans vos cœurs ; vous volerez à eux ; vous leur porterez le tribut de vos lumières. Dans ce concours patriotique, nous instruirons le Peuple, nous éclairerons son opinion, et nous jetterons ainsi le fondement de son bonheur.

Concitoyens, nous vous parlons franchement aux noms de l'amitié et de l'intérêt public ; c'est au milieu de nous que nous attendons votre réponse.

Signé : MONTIGNEUL, *Président*, BERTRAND-BÉCHUAT et GRANGÉ, Secrétaires (1).

A Vitry-sur-Marne,

De l'Imprimerie de Seneuze, Imprimeur du District et de la Municipalité.

(1) On a souvent remarqué le rôle important de l'élément légiste et juridique dans la Révolution et la grande part c.. prirent les hommes de loi. Ce furent eux qui avec '..influences combinées de la scolastique et du droit romain, contribuèrent surtout à faire de la Révolution, suivant l'expression de Melchior de Vogüé (*Regards historiques et littéraires*, p. 124), « un des plus grands efforts de la raison humaine dans le domaine de l'absolu. » Au mot *absolu* on préférerait le mot *abstrait*. Ce fait, signalé, croyons-nous, par M. Taine, trouve sa confirmation dans les documents publiés jusqu'ici. En consultant les registres, très curieux, de l'imprimerie-librairie Parochon que nous possédons, nous constatons que les noms, rencontrés dans ces pièces, ont été portés par des hommes de loi qui furent très probablement les signataires de ces adresses et règlements. C'est ainsi que nous trouvons, entre 1805 et 1812, *Simon*, avoué, *Maugin*, notaire, *Grangé*, huissier, etc. L'un des signataires du règlement de la *Société populaire*, *Panet*, doit être l'instituteur de ce nom qui exerçait à Vitry en 1812. Ce nom se lit à la porte de la chapelle du Collège, à droite ; il a été fortement gravé, peut-être en attendant l'ouverture d'une séance de la *Société*.

— A propos de noms, glissons, encore que cette note soit ici mal placée, les noms de quelques magistrats vitryats aux premières heures révolutionnaires. *L'Observateur du département de la Marne* (n°ˢ 14 et 15 du *Feuilleton*) des Samedis 15 et 22 janvier 1791 donne le tableau des *administrateurs du département de la Marne* qui étaient à cette date pour le district de Vitry-le-François :

MM.

Debranges, avocat, à Vitry-le-François,

Nocas, Chirurgien et Maire à Etrepy,

De Saint Genis, Lieutenant particulier au Baillage à
[Vitry-le-François,

Salleron, Maire à Châtelroux,

Salligny de Matignicourt, Procureur de la Commune,
[à Vitry-le-François,

Bechaut, Maire, à Morampon.

M. Delranges, avocat, à Vitry, était membre du *Directoire de l'administration du Département.*

L'*Observateur* donne ensuite le Tableau des *Administrateurs des districts du dép. de la Marne* Ce sont, pour Vitry :

MM.

De Saint Genis, Député du Bureau intermédiaire, à [Vitry,

Legoult, Avocat et officier municipal, à Vitry,
Barbier le jeune, Avocat, à Vitry,
Franquet, Cultivateur, à Songy,
Adam, Cultivateur, à Aulnay-Lattre,
Pajot, Cultivateur, à Landricourt,
Sauvage, Procureur, à Sermaize,
Nicaise, Cultivateur et Maire de Possesse,
Delacourt, Maire à Brandonvillers,
Pérard, Procureur de la Commune, à Villers-le-Sec,
Brisson, Cultivateur, à Sommesous.

Procureur Syndic, M. Dorizy, Avocat et Procureur-syndic au Bureau intermédiaire à Vitry.

Pour cette même année 1791, le Directoire du district de Vitry-le-François était ainsi composé (cf. *Observateur du dép. de la Marne*, Feuilleton 19 et 20, 19 mars et 2 avril 1791) ;

MM.

De Saint-Genis-Salligny, Président,
Legoux,
Barbier le jeune,
Delalain,
Dorizy, Procureur-Syndic,
Corda, secrétaire,
Hatot, trésorier.

— Signalons encore dans l'*Observateur* quelques lignes assez curieuses (p. 385) et encore relatives à 1791 :

« Vitry-le-François, comme une autre *Ilion*, a manqué d'être, il n'y a que quelques jours, la proie des flammes : un incendie terrible y a dévoré une *vingtaine* de maisons. »

« Une chose assez singulière, c'est qu'il se faisait dans cette ville, au moment où le feu y a pris, des préparatifs secrets pour l'organisation et l'installation de l'une de ces Sociétés paisibles et vertueuses, connues sous le nom de *Loges-de-Francs-Maçons*. Les ateliers des villes circonvoisines avaient député quelques enfants de la *vraie lumière*, pour aller apprendre, avec l'usage de l'*équerre* et du *compas* celui de la pierre cubique, à la Société naissante de ces nombreux Adeptes. Le bruit de cette nouvelle se répand à l'instant dans la ville : égaré par le spectacle de ses maisons en feu, le peuple ne voit dans des hommes qui venaient *élever un temple à la vertu* que

A ces pièces tirées de la Bibliothèque Nationale, nous joindrons un extrait d'une brochure dans laquelle M. Leblanc-Deschiens (chez Seneuze, imprimeur-libraire, rue des Rôtisseurs) défendait, sous le Directoire, la municipalité de Vitry, alors violemment attaquée. Cet extrait nous donne une sorte de précis, très optimiste, composé par un contemporain, de l'histoire révolutionnaire de Vitry : de 1789 au Directoire (*).

Mémoire
apologétique
de la
Commune
de
Vitry-sur-Marne

*La Vertu seule peut aujourd'hui
consolider la République.*

Dès l'aurore de la Révolution française, des *Cloubistes* d'une fabrique nouvelle ; et par-tout on n'entend plus que ce cri affreux : *Aux incendiaires, aux incendiaires.* Ce n'est qu'à la faveur de la confusion générale que les Députés des *Loges* circonvoisines ont pu échapper à la fureur du peuple; encore eurent-ils besoin de toute leur présence d'esprit pour s'esquiver par les différentes portes de la ville, *qua data porta ruunt.* »

(*) Archives de la Soc. des Sciences et Arts, papiers Deschiens, liasse 9, pièce 9. Cette pièce peut-être unique, et en quelque façon inédite, m'a été communiquée par M. le Docteur Mougin, archiviste de la Société des Sciences et Arts. La Nationale ne la possède pas.

et jusques à ce jour, la commune de Vitry-sur-Marne a donné des preuves constantes de son attachement aux principes qui ont servi de base à l'établissement et au maintien du gouvernement républicain.

Qui croirait cependant que l'esprit public de cette Commune n'a cessé d'être calomnié? Des êtres odieux, ennemis du bonheur de leurs concitoyens, ont saisi avec acharnement toutes les occasions qu'ils ont cru favorables à leurs desseins perfides ; ils ont tout employé pour faire suspecter le civisme des hommes les plus vertueux, pour accuser la masse entière des habitans de la Commune, d'attachement à la royauté et de haine pour la liberté.

Il est temps enfin d'éclairer les Autorités supérieures ; il est tems de démasquer ces traîtres qui ne paraissent attachés au Gouvernement que pour le tromper avec plus de perfidie ; il est tems de repousser des accusations vagues, de vaines déclamations, par des faits incontestables dont le faisceau offre la preuve la plus évidente du patriotisme pur, sincère et éclairé des habitans de Vitry et de l'atrocité de leurs détracteurs.

On va retracer rapidement les différentes époques de la Révolution, lors desquelles le civisme des habitans de Vitry s'est développé de la manière la plus prononcée. On fera connaître ensuite les motifs qui ont déterminé certains individus à suivre constamment, contre leur commune, un système de diffamation, qu'ils ont cru nécessaire, pour prolonger leur existence politique.

Les premières secousses de la Révolution ont été marquées dans plusieurs Communes environnantes, par des excès qui ont fait frémir l'humanité.

Bar-sur-Ornain, Troyes, Chaalons et Rheims ont à gémir des suites déplorables de la fureur populaire ; chacune de ces

Communes regrette des victimes. Dans les mêmes tems, celle de Vitry, dirigée par de sages Magistrats, tranquille au milieu des orages, savait écarter de son sein des scènes aussi désastreuses. Elle paraissait, aux yeux de ses voisins, comme un port salutaire, où chacun trouvait sous la protection des lois, sûreté entière pour sa personne et ses propriétés.

Le premier appel fait aux fortunes des particuliers pour venir au secours du trésor national, fut l'établissement d'une contribution patriotique.

Elle était volontaire dans son principe, chacun réglait sa quote part de la contribution, d'après la déclaration de ses biens.

Vitry, dès cet instant, manifesta son dévouement à la Patrie, et son offrande, pour une population de sept mille âmes, s'éleva jusqu'à *cent cinq mille cinq cent soixante-dix-sept livres.*

L'organisation de la garde nationale fournit à cette commune une nouvelle occasion de signaler son zèle. Elle mit sur pied deux bataillons, qui donnèrent deux compagnies de grenadiers et deux de chasseurs, de quatre-vingts homme chacune. Ces quatre compagnies furent bientôt revêtues d'uniformes, équippées, armées à leurs frais, au fait des exercices militaires et en état de faire un service journalier. Elles s'en acquittèrent à la satisfaction des corps administratifs.

A peine instruite de l'évasion du dernier Roi, de son arrestation à Varennes, et des précautions prises pour le reconduire à la Capitale, la garde nationale fournit un détachement de cent cinquante hommes d'élite. Des chariots de poste les transportent en quelques heures à Chaalons, les Magistrats de cette Commune leur confient le poste le plus important, et le détachement de Vitry est assez heureux pour répondre à leur confiance. Il maintient l'ordre le plus exact et rapporte dans sa Commune les attestations les plus honorables.

La guerre éclatte ; le Peuple français est menacé par une coalition formidable. Déjà l'ennemi s'empare des premières places ; il va pénétrer dans l'intérieur. Vitry et son arrondissement fournissent un bataillon qui vole aux frontières et contribue à leur défense.

Le général Lukner invite les grenadiers de la garde nationale du département, en état de faire campagne, à se rendre sous ses drapeaux.

Vitry organise, en peu de jours, une compagnie de quatre-vingts hommes, elle se rend à l'armée près Sainte-Manéhould, elle est de suite employée et barraquée à la côte de Bienne, où elle rivalise de bravoure avec l'élite des troupes de ligne. Cette Compagnie, depuis cet instant, n'a pas cessé d'être aux avants-postes, elle a fait les campagnes mémorables de la Flandre et de la Hollande, à la tête de l'armée du Nord, et elle est prête encore à courir de nouveaux périls, à moissonner de nouveaux lauriers.

A chaque réquisition de cette nature, la masse des habitants s'est signalée par des sacrifices de toute espèce, par des Contributions volontaires, en argent, et en fournitures d'armes, de linge et d'habillemens.

Une seule souscription lors de la levée des trois cent mille hommes, est montée à près de *trente mille francs*, qui ont été distribués, soit aux défenseurs qui s'étaient enrôlés, soit à leurs parens indigens.

Au mois de septembre 1792, l'ennemi s'était avancé à une journée de Vitry ; on craignait même qu'il ne s'y portât d'un instant à l'autre. La générale annonce son approche, la garnison se met en défense, la garde nationale prend les armes ; une compagnie de ses grenadiers sort de la place, occupe le poste le plus avancé, et ne se retire qu'après avoir acquis la certitude qu'il n'y a point d'ennemis à combattre.

Dans le même tems, le voisinage et les besoins de l'armée y avaient appelé les deux brigades de la gendarmerie nationale de la résidence de Vitry. Il falloit suppléer à ce service important.

Vingt citoyens de la Commune, pris dans les classes les plus aisées, se font inscrire, se montent, s'équippent, s'arment et se fournissent d'uniformes à leurs frais. Pendant l'espace de près de trois mois, ils ont rempli gratuitement, et avec la plus grande exactitude, ces fonctions pénibles et dispendieuses.

Les approvisionnemens de l'armée se trouvaient insuffisans ; il se faisait des réquisitions de pain et autres munitions, soit à Vitry, soit dans les environs ; les convois s'expédiaient de cette Commune, et c'était le plus souvent la garde nationale qui les escortait et les conduisait à leur destination, aux risques d'être attaquée et coupée par les partis ennemis.

Dans un besoin pressant, les habitans de Vitry sont invités par une proclamation Municipale à porter à la maison commune de la farine et du pain, pour venir au secours de l'Armée.

A l'instant même, malgré l'extrême pénurie dont la commune était affligée, les habitans oublient leur détresse, ne s'occupent que de celle de leurs défenseurs, et les offrandes volontaires se multiplient avec une abondance qu'on n'eût osé espérer.

Le représentant du peuple Rhul, lors en mission dans le département, vint à Vitry, et témoigna publiquement sa satisfaction d'un dévouement aussi prononcé ; il en rendit compte à la Convention nationale, qui mentionna dans son procès-verbal ce trait honorable de civisme.

Pendant ces tems orageux, l'Administration de la Commune seconde le zèle de ses habitans ; sa conduite est marquée au coin du plus pur patriotisme.

On se rappelle que lors de l'émission des assignats (mesure funeste, par l'abus que l'on en a fait, mais à laquelle cependant la France doit le succès de la révolution) l'Assemblée constituante chercha tous les moyens possibles d'accréditer la vente des domaines nationaux, parce que de cette opération dépendait le crédit des assignats.

Les municipalités furent engagées à soumissionner ces domaines et à donner l'impulsion par leur exemple. La Commune de Vitry fut la première à témoigner sa confiance aux opérations de l'Assemblée nationale. Consultant plutôt son zèle que ses moyens, elle soumissionna pour deux millions de domaines nationaux, dont elle suivit la vente avec la plus grande activité.

Le succès répondit à ses soins. Il est peu de Districts où les ventes se soient faites aussi rapidement et où les biens ayant été portés dès le principe à un si haut prix. Il est peu de communes dont les habitants se soient livrés avec autant de confiance à cette opération ; il n'est presque point de fortunes particulières, dans la masse desquelles on ne trouve des propriétés nationales pour une quotité très marquante.

Les opinions religieuses ont trop généralement semé la division dans les communes un peu considérables ; on y a vu naître des schismes qui, presque partout, ont été suivis de troubles et d'excès.

Vitry a sçu échapper au danger de cette commotion. Il renfermait un grand nombre de ministres du culte catholique ; tous, un seul excepté, ont prêté les sermens ordonnés par les lois.

Une faction désorganisatrice a dévasté les temples, prophané les objets de la vénération publique, interrompu pendant longtems l'exercice du culte catholique, dont elle a traîné les ministres de prisons en prisons. Les habitans de cette commune ont supporté avec résignation ces actes de démence et d'atrocité ; ils ont attendu les bienfaits d'une constitution sage, qui devoit mettre un terme à tant d'excès, et leur espérance n'a pas été trompée.

On n'a vu aucun chef de famille de cette commune prendre rang parmi les émigrés ; on n'y a compté que cinq jeunes gens, éloignés de leurs parens, et attachés à des corps militaires dont ils ont suivi l'impulsion funeste.

Les impôts les plus onéreux ont été acquittés avec une exactitude digne d'éloges. On peut en juger par celui de l'emprunt forcé de l'an IV. La seule commune de Vitry y a contribué pour près de *vingt-quatre* millions assignats, et, dès la première décade, plus de vingt-trois millions étaient rentrés.

Cet empressement à s'acquitter, unique peut-être dans toute la République, suffirait seul pour repousser toutes les vaines déclamations de ses calomniateurs.

Elle a, comme toute la France, partagé la détresse de la famine, organisée par les gouvernements étrangers et les faux patriotes qui, dans l'intérieur secondaient leurs desseins perfides ; mais la classe aisée des citoyens y a rendu ce fléau supportable.

Un comité de subsistance s'est organisé, des fonds lui ont été fournis, sans intérêts, par les habitans fortunés et l'on a pourvu aux achats des grains nécessaires à la consommation journalière de plus de cinq mille personnes.

Le prix du pain, fourni en nature par le comité, a été soutenu constamment, pendant les trois années de disette, à un taux modéré, accessible aux classes les plus indigentes, parce que les propriétaires de revenus en grains ont fait de concert tous les sacrifices nécessaires pour alimenter ce précieux établissement. La commune de Vitry a eu la douce satisfaction d'échapper aux malheurs de cette époque funeste sans troubles, sans secousses, sans taxes, sans emprunts et sans avoir contracté d'autres dettes que celle de la reconnaissance envers les bons citoyens qui ont été assez heureux pour se trouver en état de faire le sacrifice de leur intérêt personnel et de ne s'occuper que du bien général.

Telle a été la direction de l'esprit public dans la commune de Vitry pendant le cours de la révolution, et l'on ne craint pas de dire qu'il n'y a pas une seule loi qui n'y ait été ponctuellement exécutée.

Comment se fait-il cependant que. . .

. . . .

La Bibliothèque Nationale ne possède
pas, croyons-nous, d'autres pièces impri-
mées relatives à la *Société populaire* de
Vitry-le-François en dehors des cinq premiers imprimés que nous avons tout d'a-
bord reproduits. Nous les avons tous scrupuleusement publiés à nouveau dans leur
intégralité et nous les avons mis ainsi à la
disposition des travailleurs qui médite-
raient quelque étude complète sur les
transformations politiques de Vitry. Reproduire ces documents, égarés en quelque manière à Paris, telle avait été notre
intention première et unique, et cette intention, nous ne l'avons un peu modifiée
que pour adjoindre à ces pièces un extrait
qui nous avait paru exposer d'une manière assez intéressante quelques faits
révolutionnaires vitryats.

Au cours de cette publication une pensée plus ambitieuse nous était venue : une
communication, aussi obligeante que gra-
cieuse, nous avait mis entre les mains des
dossiers étendus et d'un intérêt capital,
et nous avions songé à composer comme
un *Corpus* où, par ordre chronologique,
seraient venus se ranger nombre d'imprimés rares et de papiers inédits relatifs
aux origines de la démocratie vitryate.
Mais d'autre part on nous a, et très sage-
ment, sans doute, fait observer qu'une

pareille publication n'irait peut-être pas sans quelques ennuis de divers genres et qu'à vouloir déchiffrer les épitaphes effritées des cimetières abandonnés, on risquait souvent de rencontrer et la poussée piquante des églantiers et les cuisantes morsures des orties. C'est ainsi que ne se fait pas l'histoire, que les éléments d'information finissent par s'évanouir et que s'oblitère le sens des faits.

.˙.

Nous terminerons cette courte publication par quelques réflexions sur ces cinq premiers écrits que nous avons republiés ici. Si quelques-uns des lecteurs de ce journal ont bien voulu les lire, ils ont pu se dire : « Il n'y a là que de l'éloquence déclamatoire et de la phraséologie politique, conforme à ce mauvais goût de la fin du XVIIIᵉ siècle auquel échappaient si difficilement les plus merveilleux esprits. » Nous avons meilleure opinion de ces petits morceaux. Nous croyons que leur phraséologie politique n'a pas tellement vieilli et ne s'est pas si facilement démodée qu'on pourrait le croire. Peut-être même n'est-elle pas démodée du tout. En 1848, on était encore plus déclamatoire et sous la plume et dans le journal de cet écrivain qui passe pour incomparable, Lamennais, nous retrouvons, signées souvent de son nom, les mêmes formules absolument que celles des petites productions des presses de Seneuze.

Voici quelques points frappants de comparaison :

Nous touchons à l'époque à jamais mémorable où nos dignes Représentans, fatigués de donner des Loix à l'Empire Français doivent déposer en d'autres mains le Faix glorieux de leurs immenses et précieux Travaux. Le point essentiel, ce qui doit, dans ce moment, occuper tous les Patriotes, tous les vrais amis de la Liberté, est que ce dépôt sacré ne soit confié qu'à des âmes pures qui soient vraiment capables de le recevoir et d'en sentir toute l'importance.

Pour parvenir à ce but, chers Concitoyens, souvenez-vous avant toutes choses qu'on ne peut juger les hommes que d'après leur conduite et leurs actions habituelles.... Avant donc de vous déterminer pour tel ou tel personnage, rappelez-vous les différens rôles qu'il a joué avant et depuis la Révolution ! Ne perdez pas de vue que trois choses lui sont essentiellement nécessaires pour être promu à la dignité d'Electeur, du Patriotisme, des Vertus, des Talens. Ne vous déclarez pas d'a-

Nous touchons au moment où vous aurez à accomplir l'acte le plus solennel de votre souveraineté, l'élection de l'Assemblée qui constituera définitivement la France (Lamennais, le *Peuple Constituant*, 2 mars 1848). Le choix des électeurs doit donc avant tout se porter sur des hommes connus par la franchise et la fermeté de leur foi républicaine. Ils doivent le plus possible écarter de l'Assemblée nationale ceux dont les opinions hostiles ne pourraient qu'y semer la division, et ceux encore dont la subite conversion à des idées opposées à celles qu'ils professaient naguères n'offrirait à la place d'une solide garantie qu'un scandale pareil à celui dont un passé récent a présenté tant de honteux exemples. Dans l'exercice de leur haute fonction, les électeurs n'auront pas moins d'égards au caractère moral des candidats qu'à leurs principes. Que de fois n'a-t-on pas vu, dans une conscience faible, les principes plier et se subordonner à l'inté-

bord pour celui qui affiche un patriotisme de fraîche date, car souvent ce n'est qu'un masque qui cache l'aristocratie la plus perfide. Soyez toujours en garde contre les suggestions des ci-devant privilégiés : ne perdez pas de vue que l'aristocratie doit vous tendre des piéges sous le manteau du patriotisme, qu'elle fera tous ses efforts pour vous faire prendre le change, et pour faire entrer dans la prochaine législature de ses agens perfides, en nombre suffisant, pour attaquer dans tous ses points votre Constitution et ramener, s'ils le peuvent, les horreurs de l'ancien régime. Citoyens, ce seroit le plus grand malheur qui pût arriver à la nation Françoise, et vous ne pourrez l'éviter qu'en choisissant pour Electeurs des patriotes réconnus par leurs vertus et leurs lumières, (2e Doc).

rêt ! Il faut à la France des représentants d'une probité intacte, d'un honneur sans tache, à l'abri de la séduction, de tout désir qui ne serait pas le pur désir du bien public, des représentants libres de toute convoitise, de toute ambition personnelle (Lamennais, *Peuple Constituant*, 22 mars 1848). En général les choix doivent porter sur des hommes étrangers au système ancien, purs de tout contact avec la corruption... qui, du sommet du gouvernement, se propageait jusqu'aux extrémités de la France officielle (Lamennais, *Peuple Constituant*, 8 mars 1848).

C'est ici que vous chercherez mutuellement à vous pénétrer des vrais principes de la liberté et de l'éga-

Formez immédiatement dans les divers arrondissements de Paris des comités électoraux constituans....

lité ; c'est d'ici que vous répandrez sur tout le District les lumières que vous aurez acquises par une lecture commune des papiers politiques et des Décrets sanctionnés, par la correspondance que vous entretiendrez avec tous les Départements et enfin par une discussion publique des questions les plus délicates et des plus grands intérêts de la Patrie.... Vous environnerez nos Loix naissantes d'une nouvelle force, toujours prête à les protéger, votre œil attentif ne les perdra jamais de vue, vous éclairerez les aveugles, vous soutiendrez la vertu chancelante des faibles, vous suivrez le cours de tous les évènements politiques... (1er D....)

Dans ces comités on préparera, on discutera les candidatures, chose si importante pour produire l'unité de volonté et d'action. Ainsi rapprochés les uns des autres, ces patriotes s'y éclaireront mutuellement, s'entendront pour atteindre le but commun, se sentiront tous animés d'une vie plus active et plus forte et cette force deviendra celle du Gouvernement éclairé aussi, éclairé par eux sur les devoirs immenses qui lui restent à remplir (Lamennais, *le Peuple constituant*, 2 mars 1848).

Qu'on écoute aussi avec attention celui qui n'annonce pas cette facilité d'expression que la *rature* n'a pas dispensée à tous les hommes ; tel souvent s'exprime mal, et qui produit de meilleures idées que celui qui arrange artistement ses phrases.

Que ceux qui par

...Les comités sont des écoles pratiques d'enseignement mutuel de patriotisme. Qu'à leur début ils se rendent coupables de quelques excentricités de langage, de quelques excès de tendances, que les vraies notions d'histoire, de géographie y soient parfois peu respectées, leurs talens, leur longue habitude du travail et leurs études particulières sont à même d'expliquer les Loix, de rendre notre Société une école d'instruction, une école utile à tous les Citoyens, viennent plus souvent ici nous communiquer leurs lumières et qu'ils dérobent quelques instans à leurs travaux particuliers pour l'instruction commune. Que chacun, avant tout, commence par l'abnégation de lui-même, qu'il oublie tout ce qui lui est personnel, pour ne s'occuper que de l'intérêt général (IV° Doc.)

que ceux qui y prennent la parole ne soient pas tous nés orateurs, est-ce là un grand mal ? Le remède n'est-il pas à côté ? L'exagération n'est dangereuse que si, refoulée en elle-même, elle se rehausse à ses propres yeux du mérite de la persécution. Au jour et sous le frottement de l'opinion, elle rentre dans de justes limites : l'âme n'a pas toujours besoin d'une expression correcte et savante pour manifester ce qu'elle renferme. La spontanéité va plus loin que la réflexion. Les savants et les ignorants, les orateurs et les penseurs, les lettrés et les ouvriers apportent donc chacun leur mise de fonds commun, échangent des qualités respectives et tendent à réaliser une fusion synthétique de toutes les énergies humaines. (Article de P. Very, *Des clubs ou comités*, dans le *Peuple constituant* du 24 mars 1848.)

Par ces rapprochements nous n'avons, certes, pas voulu établir qu'il y avait à Vitry, aux heures de la Révolution, un nombre assez grand de petits Lamennais qui seraient restés dans l'ombre, des tribuns éloquents que l'on aurait ingratement oubliés, et peut-être copiés, sans en rien dire. Nous pensons avoir seulement montré que la France de l'époque révolutionnaire, en même temps qu'elle mettait en pratique le gouvernement parlementaire, fixa, — nous ne dirons pas : créa, car dans toute chose en apparence nouvelle il y a quantité de parcelles du passé, — la forme, les définitions, les lieux communs, les généralités de la langue politique de beaucoup de nos contemporains, — que, dans une petite ville de province, des gens peu connus écrivaient couramment, et après tout, non sans quelque élégante correction, cet idiome parlementaire, — que cette langue était si bien appropriée sans doute à son objet que, bien des années après, un génie d'une incontestable originalité tel que Lamennais, ne trouvait en somme sur les mêmes matières que les mêmes expressions qu'avaient employées ces simples « citoyens » de Vitry.

E. J.

VITRY, TYP. J. DENIS ET C°.

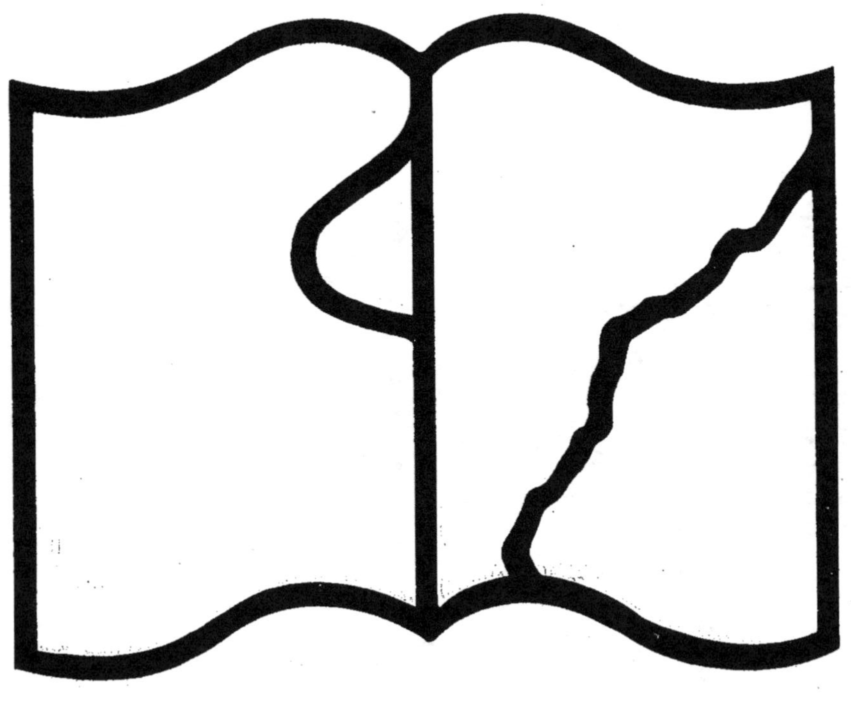

Texte détérioré — reliure défectueuse